Tito Siueia

LLP, Suavização de Rendimentos, Sinalização, Gestão de Capital e Pró-ciclicidade

Tito Siueia

LLP, Suavização de Rendimentos, Sinalização, Gestão de Capital e Pró-ciclicidade

ScienciaScripts

Imprint

Any brand names and product names mentioned in this book are subject to trademark, brand or patent protection and are trademarks or registered trademarks of their respective holders. The use of brand names, product names, common names, trade names, product descriptions etc. even without a particular marking in this work is in no way to be construed to mean that such names may be regarded as unrestricted in respect of trademark and brand protection legislation and could thus be used by anyone.

Cover image: www.ingimage.com

This book is a translation from the original published under ISBN 978-620-2-07584-8.

Publisher:
Sciencia Scripts
is a trademark of
Dodo Books Indian Ocean Ltd. and OmniScriptum S.R.L publishing group

120 High Road, East Finchley, London, N2 9ED, United Kingdom
Str. Armeneasca 28/1, office 1, Chisinau MD-2012, Republic of Moldova, Europe
Printed at: see last page
ISBN: 978-620-7-92026-6

Índice

Resumo

O objetivo deste estudo é fornecer a primeira evidência empírica de alisamento de rendimentos, gestão de capital, sinalização e comportamento pró-cíclico através de provisões para perdas com empréstimos (LLP) para bancos comerciais moçambicanos, um exemplo de país subdesenvolvido. Um segundo objetivo é compreender o comportamento dos empréstimos bancários durante a crise oculta da dívida pública de Moçambique. A amostra consiste em todos os bancos comerciais observados durante 2010-2016. Fornecemos fortes evidências de que os bancos comerciais moçambicanos são pró-cíclicos através de LLP e que estes bancos se envolvem em actividades de alisamento de rendimentos. No entanto, para a atividade de gestão de capital e comportamento de sinalização, fornecemos evidências insignificantes para apoiar estas hipóteses entre os bancos comerciais moçambicanos através da LLP. Além disso, o resultado indica que, com a crise oculta da dívida pública de Moçambique, os bancos comerciais constituem mais provisões.

Palavras-chave: Provisões para Perdas com Empréstimos (LLP); Suavização de Rendimentos; Gestão de Capital; Sinalização; Pró-Cíclico; Bancos Moçambicanos; crise oculta da dívida pública.

Capítulo 1. Introdução

Durante o período de 2015 a 2016, o sector bancário moçambicano foi significativamente afetado pela crise da dívida pública oculta: o crédito malparado acumulou-se, reduzindo as receitas e aumentando as provisões para perdas com empréstimos (ver Figura 3), o que levou a mais perdas de receitas, um banco comercial faliu e outro banco comercial foi intervencionado pelo banco central para evitar a sua falência. Dada a crise da dívida pública moçambicana oculta pelos investidores entre 2013 e 2014, encontrámos uma melhor altura para fazer um estudo empírico sobre os perigos de apostar nos mercados emergentes. Daí o nosso interesse em realizar uma investigação sobre o sector bancário moçambicano. Tendo em conta os argumentos de Lobo (2017) o sector bancário é vital para as operações económicas e financeiras internas de um país e dado o elevado nível de assimetria de informação e o elevado grau de incerteza de informação pode aumentar as oportunidades de gestão de resultados. Trata-se de um cenário ideal para testar as implicações das escolhas discricionárias de relato para a tomada de riscos e a estabilidade financeira.

Figura 1: Bandeira de Moçambique. Fonte: Google.

1.1 Introduzir o problema

Uma grande parte da literatura mostra que as provisões para perdas com empréstimos (LLP) são o principal instrumento de gestão dos resultados, de sinalização e de gestão do capital no sector bancário. Além disso, estudos anteriores na literatura bancária associaram o comportamento pró-cíclico à atividade bancária.

De acordo com o estudo anterior, a pró-ciclicidade ocorre quando os gestores reduzem as suas provisões em períodos favoráveis e as aumentam em períodos desfavoráveis. A consequência da prociclicidade é que pode desencadear uma crise de crédito que pode agravar a recessão económica (Kanagaretnam et al., 2009). O alisamento de rendimentos pode ser definido como um tipo de gestão de resultados. Ocorre quando os gestores utilizam a LLP para alisar o rendimento para cima, subestimando as perdas esperadas com empréstimos para reduzir o rendimento líquido e, em contrapartida, os gestores podem alisar o rendimento para baixo, sobrestimando as perdas esperadas com empréstimos para reduzir o rendimento líquido, (Lobo e Yang, 2001). A gestão de capital ocorre quando os gestores bancários utilizam as provisões para perdas com empréstimos para atingir os objectivos regulamentares de capital que restringem o capital dos seus bancos, (Lobo e Yang, 2001). A sinalização ocorre quando os gestores aumentam a LLP atual para sinalizar o poder de ganhos potenciais futuros do banco, (Lobo e Yang, 2001).

Diversos pesquisadores da literatura bancária associam a LLP à pró-ciclicidade, tais como: Bikker e Hu (2002); Laeven e Majnoni (2003); Perez et al. (2006); Floro (2010); Packer e Zhu (2012); Ozili (2015); Adziz et al. (2015); Skala (2015); Fernando e Ekanayaka (2015); Caporale et al. (2015); Olszak et al. (2016) e Morris et al. (2016).

Além disso, os investigadores investigaram a utilização de LLP para alisar o rendimento e documentaram diferentes conclusões, como Kanagaretnam et al. (2004); Anandarajan et al. (2007); Perez et al. (2008); Fonseca e Gonzalez (2008) e Kanagaretnam et al. (2010). Além disso, a literatura bancária recente fornece evidências do uso de LLP para suavização de renda, como Leventis et al. (2012); El Sood (2012); Kilic et al. (2013); Curcio e Hasan (2013); Bouvatier at al. (2014); Olson e Zoubi (2014); Cucinelli (2015); Bryce et al. (2015); Adziz et al. (2015); Fernando e Ekanayaka (2015); Skala (2015); Caporale et al. (2015); Ozili (2015); Olszak et al. (2016); Morris et al. (2016) e Curcio et al. (2017).

Estudos existentes também destacam que a LLP está associada à gestão de capital (Ahmed et al., 1999; Wall e Koch, 2000; Anandarajan et al., 2007; Bouvatier e Lepetit, 2008 e Perez et al. 2008). A literatura recente sobre panificação é Dong et al. (2012); Leventies et al. (2012); Curcio e Hasan (2013); Bouvatier at al. (2014); Ozili (2015); Adziz et al. (2015); Fernando e Ekanayaka (2015) e Caporale et al. (2015).

Além disso, a literatura bancária também explora o uso da discricionariedade sobre LLP para sinalização de problemas, como Wahlen, (1994); Kanagaretnam et al. (2005); Anandarajan et al. (2007); Perez et al. (2008) e Bouvatier e Lepetit (2008). E, recentemente, Leventis et al. (2012); Curcio e Hasan (2013); Olson e Zoubi (2014); Ozili (2015); Adziz et al. (2015); Fernando e Ekanayaka (2015); Caporale et al. (2015) e Morris et al. (2016).

De um modo geral, estes estudos utilizam os dados dos bancos europeus, dos bancos americanos, dos bancos asiáticos e dos bancos africanos, em particular para as economias desenvolvidas, sendo raros os estudos sobre as economias subdesenvolvidas e, num caso especial, não existem estudos sobre os bancos comerciais moçambicanos.

Motivados pela crise oculta da dívida pública moçambicana, examinamos as evidências de alisamento de rendimentos, gestão de capital, sinalização e comportamento pró-cíclico através da LLP dos bancos comerciais moçambicanos durante um período de 2010-2016.

De acordo com a literatura bancária anterior, resumimos as nossas hipóteses da seguinte forma:

H1: Os bancos comerciais moçambicanos apresentam um comportamento pró-cíclico através das provisões para perdas com empréstimos.

H2: Os bancos comerciais moçambicanos alisam os rendimentos através de provisões para perdas com empréstimos.

H3: Os bancos comerciais moçambicanos gerem o capital através de provisões para perdas com empréstimos.

H4: Os bancos comerciais moçambicanos estão a sinalizar através de provisões para perdas com empréstimos. E

H5: Os bancos comerciais moçambicanos estão negativamente associados às provisões para perdas com empréstimos (LLP).

As principais conclusões da nossa análise são as seguintes. Em primeiro lugar, encontrámos uma associação significativa e negativa entre a LLP e o crescimento do PIB, o que implica que os bancos comerciais moçambicanos são pró-cíclicos. Em segundo lugar, encontrámos uma associação positiva e estatisticamente significativa entre a suavização de rendimentos e a LLP, sugerindo que os bancos comerciais moçambicanos estão a utilizar a LLP para suavizar os rendimentos. Em terceiro lugar, verificamos que a LLP também é afetada de forma insignificante pela atividade de gestão de capital. Em quarto lugar, para a hipótese de sinalização, não encontrámos provas concretas para apoiar a existência desta atividade nos bancos comerciais moçambicanos. Finalmente, encontrámos evidências concretas para apoiar que a dimensão de um banco tem um impacto no nível de LLP.

O nosso estudo difere de estudos anteriores em vários aspectos. Primeiro, esta é a primeira evidência sobre os bancos comerciais moçambicanos. Em segundo lugar, este estudo examina se o comportamento pró-cíclico, a atividade de alisamento de rendimentos, a atividade de gestão de capital e o comportamento de sinalização existem através de LLP nos bancos comerciais moçambicanos. Finalmente, o estudo controla o efeito da crise oculta da dívida pública moçambicana nas provisões para perdas com empréstimos dos bancos comerciais e o efeito da dimensão do banco na LLP.

O nosso estudo dá um grande contributo para a literatura, expandindo a literatura contabilística e financeira existente sobre os determinantes do LLP e o comportamento pró-cíclico, mostrando que as políticas macroeconómicas emitidas pelo governo afectam o curso das actividades no sector bancário, concretamente nos bancos comerciais do país subdesenvolvido.

1.2 Contexto nacional

A República de Moçambique é um país situado na região sudeste do continente africano. Os países que partilham as suas fronteiras internacionais com Moçambique são a RAS - República da África do Sul e a Suazilândia a sul; a Zâmbia, a Tanzânia e o Malawi a norte; o Zimbabué a oeste e a leste o Canal de Moçambique "o Oceano Índico" (ver Figura 2). Maputo é a capital de Moçambique. A população do país é de quase 25 milhões de habitantes. (Fonte: Mapas do Mundo). Moçambique foi um dos "gigantes económicos" em África entre 2010 e 2015, com uma taxa média anual de crescimento do PIB de cerca de 6% - 8%, e, atraiu investimentos directos estrangeiros, nas áreas do carvão natural, gás natural, titânio e nos subsectores hidroeléctricos da economia. Por outro lado, de acordo com o FMI, Moçambique foi o país africano com maior crescimento da dívida pública externa entre 2011 e 2013, com aumentos de 30% ao ano.

Em abril de 2015, soube-se que o governo moçambicano escondeu dos investidores 4 empréstimos de cerca de 1,16 biliões de dólares cedidos a empresas moçambicanas. No caso da Empresa Moçambicana de Atum (EMATUM). "A "Proindico" - empresa ligada aos ministérios do interior e da defesa, aos serviços secretos moçambicanos, à MEM - Mozambique set Management uma empresa estatal criada para construir um estaleiro naval na cidade de Pemba e ao ministério do interior. Todos estes empréstimos foram concedidos com garantias soberanas do Governo moçambicano. As empresas emprestaram o dinheiro entre 2013 e 2014 ao banco russo VTB e ao Credit Suisse, uma multinacional suíça de serviços financeiros. Devido à falta de transparência no processo, o FMI suspendeu a assistência a Moçambique após a divulgação desta dívida aos investidores, deixando Moçambique numa situação de instabilidade financeira, tendo em conta que a ajuda do FIM representa cerca de 10% do Orçamento de Estado (fonte: WSJ - Wall Street Journal, AIM - Agência de Informação de Moçambique, CIP - Centro de Intriga Pública, DW África).

Consequentemente, durante este período, o sector bancário moçambicano foi significativamente afetado pela crise da dívida pública oculta. O crédito malparado acumulou-se, reduzindo as receitas e aumentando o LLP (ver Figura 3), o que levou a mais perdas de receitas; um banco comercial faliu e outro recebeu apoio através da intervenção do banco central de Moçambique para evitar a sua falência. Para além disso, a situação da dívida pública de Moçambique é superior a 80% do PIB do país entre 2015 e 2016 (ver Figura 4), e a apetência para fazer negócios em Moçambique caiu drasticamente. A isto acresce o facto de o Governo moçambicano ter nomeado um novo Governador do Banco Central de Moçambique, um antigo alto funcionário do FMI, para fazer face ao aumento da inflação em Moçambique. E, uma das medidas tomadas pelo Banco de Moçambique foi a de limitar os pagamentos ao exterior com recurso aos cartões bancários e estabelecer um teto de 700.000 meticais equivalente a cerca de US $ 14.929, medida que entrou em vigor a partir de 2016/01/01 (Aviso n.º 11/GBM/2016).

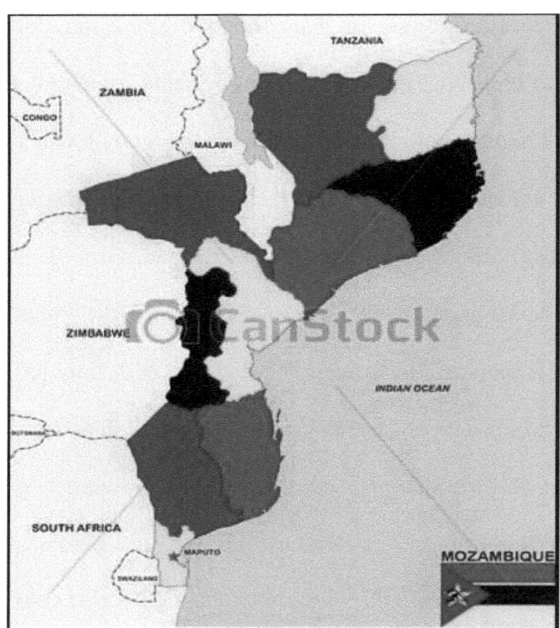

Figura 2: Localização de Moçambique no Continente Africano.

Fonte: Google.

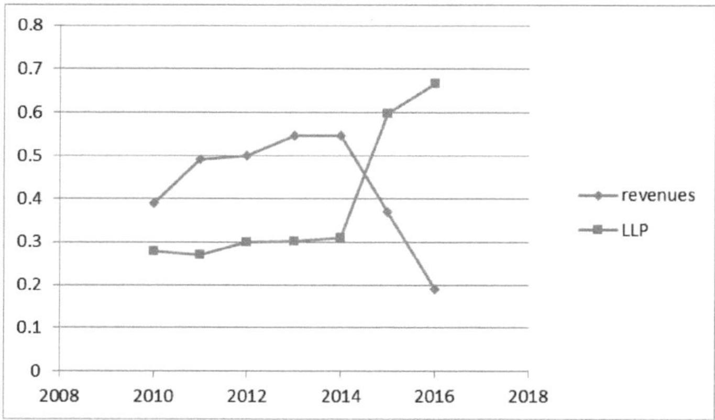

Figura 3: *Provisões para perdas com empréstimos e receitas dos bancos, entre períodos de 2010*

Fonte: cálculos do investigador com base em dados do Banco de Moçambique.

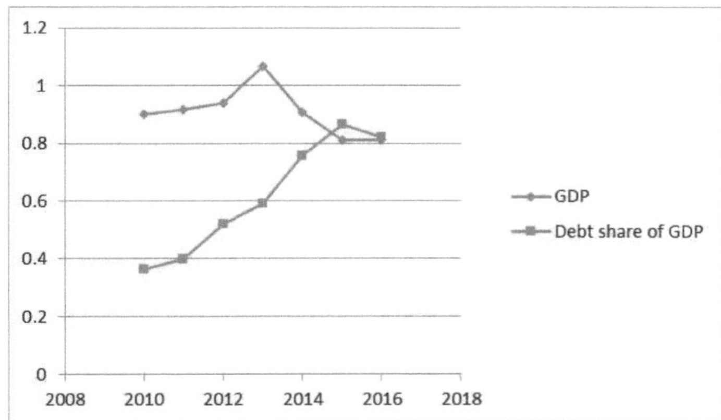

Figura 4: *Produto Interno Bruto (PIB) e Peso dos Débitos no PIB, entre os períodos de 2010 - 2016.*

Fonte: FMI

1.3 Literatura relacionada e hipóteses relevantes

1.3.1 LLP e comportamento pró-ciclicidade

A literatura disponível argumenta que existe uma ligação entre os ciclos económicos e a atividade de concessão de empréstimos bancários. Além disso, sugere que a pró-ciclicidade ocorre quando, durante os maus momentos, os gestores bancários aumentam as provisões (LLP) e diminuem os empréstimos bancários para não afetar negativamente o capital do banco e, durante os bons momentos, reduzem as provisões (LLP).

Para apoiar este ponto de vista, destacamos alguns dos estudos mais antigos: Bikker e Hu (2002), na sua investigação em vários países durante o período de 1979-1999, examinaram a relação entre as provisões dos bancos e o ciclo económico. Utilizando variáveis macroeconómicas (PIB, inflação e desemprego), os resultados indicam que as provisões para perdas com empréstimos estão negativamente relacionadas com o PIB e a inflação, mas com o desemprego estão positivamente relacionadas. Laeven e

11

Majnoni (2003), na sua investigação em vários países, analisam o padrão pró-cíclico dos bancos e os resultados fornecem provas que apoiam a hipótese pró-cíclica através das provisões para perdas com empréstimos. Perez et al. (2008) examinaram os factores determinantes das provisões para perdas com empréstimos (LLP) entre os bancos espanhóis e os resultados fornecem provas de que a hipótese pró-cíclica é apoiada pelas provisões para perdas com empréstimos. Além disso, recentemente, alguns investigadores forneceram provas de que as provisões para perdas com empréstimos são pró-cíclicas, como Floro (2010), que, utilizando uma amostra de intermediários financeiros das Filipinas entre 2001 e 2009, forneceu provas de que a hipótese pró-cíclica é apoiada pelas provisões para perdas com empréstimos. No entanto, observou-se que essa associação é influenciada de forma não linear pela capitalização do banco. Ozili (2015), durante o período de 2002-2013, examina as motivações e o comportamento das LLP em relação ao ciclo económico, utilizando uma amostra de bancos comerciais nigerianos, que forneceu fortes evidências de comportamento pró-cíclico durante o período de estudo. Skala (2015) investiga o impacto do ciclo de lucros dos bancos e do ciclo económico num estudo transnacional, utilizando uma amostra de 244 bancos comerciais em 11 países da Europa Central entre 2004 e 2012, documentando que as provisões são pró-cíclicas em relação aos ciclos económicos nacionais e que os bancos estão envolvidos em actividades de suavização através da LLP. Olszak et al. (2016) examinaram os factores que afectam a pró-ciclicidade da LLP entre os bancos comerciais da Polónia, durante o período de 2000 a 2012, e os resultados mostram que a LLP é pró-cíclica e que os bancos cooperativos da Polónia são menos pró-cíclicos do que os bancos comerciais. Morris et al. (2016) investigam o impacto dos determinantes económicos durante a crise financeira internacional, utilizando uma amostra de 5187 observações de trimestres bancários nos EUA durante o período de 2006 a 2010. Fornecem fortes evidências empíricas de que o comportamento pró-cíclico é especialmente pronunciado durante a crise financeira internacional (2009-2010) e também encontraram evidências para apoiar a atividade de suavização e o comportamento de sinalização via LLP.

Por outro lado, algumas pesquisas encontram um resultado misto, como Packer e Zhu (2012), que investigam o determinante da LLP entre 240 bancos asiáticos durante o período de 2000 a 2009, os resultados fornecem evidências para apoiar a hipótese pró-cíclica através da LLP entre os bancos japoneses; mas contracíclica entre os bancos na Índia.

Adicionalmente, alguns estudos não apoiam o comportamento pró-cíclico, como Caporale et al. (2015), que encontraram provas de que, nos bancos italianos, a LLP é impulsionada principalmente por componentes não discricionárias durante o período de recessão económica (2008-2012). Para resumir, eles fornecem evidências para apoiar a hipótese contracíclica através de provisões para perdas com empréstimos. Adzis et al. (2015), utilizando uma amostra de bancos comerciais da Malásia durante o período de 2002-2012, não dispõem de provas suficientes para apoiar as hipóteses pró-cíclicas através da LLP.

De um modo geral, o estudo anterior documenta provas mais negativas de um comportamento pró-cíclico através da LLP. A nossa hipótese é a seguinte:

H1: Os bancos comerciais moçambicanos apresentam um comportamento pró-cíclico através das provisões para perdas com empréstimos.

Figura 5: *Moedas moçambicanas. Fonte: Banco de Moçambique.*

1.3.2 Hipótese de alisamento do LLP e do rendimento

Estudos anteriores demonstraram que o alisamento dos rendimentos pode ser definido como um tipo de gestão de resultados. Acontece quando os gestores utilizam a LLP para alisar os resultados para cima, subestimando as perdas de crédito previstas para reduzir o resultado líquido e, em contrapartida, os gestores podem estar a alisar os resultados para baixo, sobrestimando as perdas de crédito previstas para reduzir o resultado líquido. Benston e Wall (2005) argumentam que o alisamento dos resultados é o tipo de atividade de manipulação utilizada pelo gestor para ajustar os resultados. Utilizam o alisamento de resultados para reduzir a assimetria de informação.

Para apoiar este ponto de vista, destacamos alguns dos estudos mais antigos: Kanagaretnam et al., (2004) examinaram a sinalização e o alisamento do rendimento através das provisões para perdas com empréstimos bancários (LLP) e forneceram provas para apoiar a hipótese de alisamento do rendimento através das provisões para perdas com empréstimos, mas não forneceram provas concretas para apoiar as hipóteses de sinalização através das provisões para perdas com empréstimos. Fonseca e Gonzalez (2008) investigaram os determinantes do alisamento da atividade através da gestão das provisões para perdas com empréstimos (LLP) utilizando dados de painel de 41 países e revelaram que o alisamento do rendimento depende do nível de divulgação financeira, do desenvolvimento financeiro, da estrutura financeira, da proteção dos investidores, da regulamentação e da supervisão. Kanagaretnam et al. (2010), no seu estudo multinacional que utiliza uma amostra de 29 países entre os períodos de 1993 e 2006 para investigar a relação entre a reputação dos auditores e a gestão dos resultados no sector bancário, fornecem provas de que os gestores alisam os rendimentos através de LLP. Em contrapartida, Perez et al. (2008) examinam o impacto da gestão dos resultados e da gestão do capital através da LLP nos bancos espanhóis e fornecem provas de actividades de alisamento dos rendimentos nos bancos espanhóis entre 1986 e 2002, utilizando 142 bancos. No entanto, não encontraram provas da atividade de gestão de capital.

Além disso, recentemente, alguns investigadores forneceram provas da atividade de alisamento. Leventies et al. (2012) examinaram a influência das IFRS na gestão dos resultados e na gestão do capital, utilizando uma amostra de 91 bancos comerciais cotados na União Europeia durante o período de 1999-2008, e forneceram provas de que os bancos desenvolvem uma atividade de alisamento dos rendimentos, mas após a aplicação das IFRS em 2005 a atividade de alisamento dos rendimentos diminuiu relativamente ao período pré-IFRS. No entanto, não encontraram provas concretas da atividade de gestão do capital nos regimes pré e pós-NIRF. El Sood (2012) examinou o alisamento de rendimentos através de LLP em 878 bancos dos EUA entre 2001 e

2009; forneceram fortes indícios de atividade de alisamento de rendimentos durante a crise financeira internacional. Kilic et al. (2013), que examinaram o impacto da SFAS 133 no comportamento de relato dos bancos comerciais dos Estados Unidos, forneceram fortes indícios de que os bancos comerciais dos Estados Unidos realizam actividades de alisamento através de LLP. Adzis et al. (2015), utilizando uma amostra de 15 bancos comerciais da Malásia durante o período de 2002-2012, forneceram provas empíricas de que os bancos comerciais da Malásia se envolvem em actividades de alisamento de rendimentos durante o período de estudo. Em resumo, forneceram provas para apoiar a hipótese de alisamento de rendimentos através de LLP. Ozili (2015) examina as motivações e o comportamento da LLP em relação ao ciclo económico utilizando 10 bancos comerciais nigerianos durante o período de 2002-2013, fornecendo provas empíricas de que os bancos comerciais nigerianos se envolvem em actividades de alisamento do rendimento, apoiando a hipótese de alisamento do rendimento através de provisões para perdas com empréstimos. Skala (2015) e Morris et al. (2016), nos estudos referidos na secção 2.1, fornecem fortes provas empíricas para apoiar a atividade de alisamento através de LLP. Além disso, Curcio et al. (2017) examinaram o impacto da discricionariedade através de LLP em bancos europeus durante a crise financeira internacional e forneceram fortes evidências empíricas para apoiar a hipótese de alisamento de rendimentos através de LLP, não tendo encontrado qualquer diferença entre o comportamento de bancos cotados e não cotados. A atividade de alisamento é mais pronunciada apenas em 2011.

Em contrapartida, alguns estudos não encontraram provas de uma atividade de alisamento através da LLP, como Anandarajan et al. (2007), que examinaram a gestão dos resultados, a gestão do capital e a sinalização através da LLP dos bancos, utilizando dados de 50 bancos comerciais australianos durante o período de 1991 a 2001. Os autores forneceram provas de que os bancos comerciais australianos utilizam a LLP para a gestão dos resultados. No entanto, não forneceram evidências para a atividade de gestão de capital. Caporale et al. (2015) examinaram o determinante da LLP utilizando uma amostra de 400 bancos italianos durante o período de 2001-2012 e revelaram que, nos bancos italianos, a LLP não é impulsionada por componentes discricionários (alisamento de rendimentos). Em suma, não forneceram provas que sustentem a hipótese de alisamento do rendimento através da LLP. Bryce et al. (2015) examinaram as hipóteses de alisamento do rendimento, gestão do capital e gestão cíclica nos bancos vietnamitas durante o período 2007-2014 e não encontraram provas suficientes de que os bancos vietnamitas se dedicam à atividade de alisamento do rendimento, mas quando incorporaram as estimativas de eficiência X no modelo, os bancos não apresentaram a atividade de alisamento do rendimento.

A investigação anterior fornece um resultado misto, no entanto, está documentada mais evidência de atividade de alisamento através de LLP. Por conseguinte, a nossa hipótese é a seguinte:

H2 = Os bancos comerciais moçambicanos alisam o rendimento através de **provisões para perdas com empréstimos**.

Figura 6: *Moedas moçambicanas. Fonte: Banco de Moçambique.*

1.3.3 LLP e gestão de capitais

A gestão de capital ocorre quando o capital se torna constrangido; os gestores do banco irão utilizar adições discricionárias para atingir os objectivos regulamentares de capital. Chang et al. (2008) argumentam que o rácio de capital é um indicador importante que reflecte o risco do banco, desempenhando um papel importante na demonstração da capacidade do banco para suportar a atual estrutura de capital e denotando o risco de incumprimento indetetável.

Para apoiar as hipóteses de gestão do capital, destacamos alguns dos estudos mais antigos, por exemplo: Ahmed et al., (1999), fornecem evidências de que os bancos usam provisões para perdas com empréstimos para gerir os rácios de adequação de capital para evitar violar os requisitos de capital. Bouvatier e Lepetit (2008), utilizando uma amostra de 186 bancos europeus, encontraram evidência de que os bancos com baixo capital utilizam provisões para perdas com empréstimos (LLP) para gerir o capital regulamentar. Numa investigação recente, Dong et al. (2012), utilizando uma amostra de 14 bancos comerciais chineses durante o período 2001-2009, encontraram provas que apoiam a hipótese da gestão do capital nos bancos chineses. A conclusão mostra que, quando a adequação do capital do banco é baixa, os gestores reservam mais LLP para aumentar o capital do banco, a fim de satisfazer os requisitos regulamentares. Tal como referido na secção 1.3.2, Ozili (2015) forneceu provas empíricas da atividade de gestão de capital dos bancos comerciais nigerianos durante o período de 2002-2013.

Em contrapartida, Anandarajan et al. (2007), num estudo documentado na secção 1.3.2 supra, não forneceram provas empíricas da atividade de gestão de capital para os bancos comerciais australianos. Perez et al. (2008); não forneceram provas para apoiar a hipótese de gestão de capital utilizando LLP para gerir o capital regulamentar em bancos espanhóis, como documentado na secção 1.3.2 acima. E, recentemente, Leventies et al. (2012), Adzis et al. (2015), Caporale et al. (2015), nos seus estudos documentados nas secções 1.3.1 e 1.3.2 acima, não encontraram provas concretas da atividade de gestão de capital através de LLP.

De um modo geral, a literatura bancária fornece provas mistas do comportamento da gestão de capital. Prevemos uma relação positiva entre LLP e gestão de capital. Por conseguinte, a nossa hipótese é a seguinte:

H3 = Os bancos comerciais moçambicanos gerem o capital através de provisões para perdas com empréstimos.

Figura 7: *Moedas moçambicanas. Fonte: Banco de Moçambique.*

1.3.4LLP e sinalização

A LLP é utilizada para sinalizar a solidez financeira. Especificamente, a sinalização ocorre quando os gestores esperam sinalizar a solidez financeira do sector bancário para reduzir a assimetria de informação. Wahlen (1994) argumenta que os investidores interpretam as provisões anormais como um sinal de boas notícias económicas do que como um sinal de más notícias económicas. Kanagaretnam et al. (2005) argumentam que os bancos subavaliados utilizam as LLP para sinalizar informações privadas sobre o desempenho futuro do banco.

Destacamos algumas evidências empíricas para apoiar a hipótese de sinalização via LLP. Curcio e Hasan (2013) investigaram o impacto da gestão de resultados, da gestão de capital e da atividade de sinalização via LLP entre bancos da UE e instituições de crédito não pertencentes à UE durante o período de 1996 a 2006. O estudo forneceu evidências de que os bancos da UE não se envolvem em atividades de sinalização, no entanto, os bancos não pertencentes à UE usam LLP como uma ferramenta para transmitir informações aos investidores. Olson e Zoubi (2014) investigaram o impacto dos determinantes da LLP e da provisão para perdas com empréstimos (ALL) dos bancos, utilizando uma amostra de 75 bancos do Médio Oriente e do Norte de África durante o período de 2000 a 2008. O estudo forneceu evidências empíricas para dar suporte às hipóteses de sinalização via LLP e ALL. Morris et al. (2016), no estudo documentado nas secções 1.3.1 e 1.3.2 acima, encontraram provas concretas de que os bancos dos EUA estão envolvidos em actividades de sinalização através da LLP.

Em contraste, Ahmed et al. (1999); Anandarajan et al. (2007); Bouvatier e Lepetit (2008), Perez et al. (2008); Leventies et al. (2012), Adzis et al. (2015), Caporale et al. (2015), nos seus estudos documentados nas secções 1.3.1 e 1.3.2, não encontraram provas concretas de que os bancos se envolvam em actividades de sinalização através da LLP.

Por conseguinte, os indícios desta relação são contraditórios. A nossa hipótese é a seguinte:

H4 = Os bancos comerciais moçambicanos estão envolvidos na sinalização através de provisões para perdas com empréstimos.

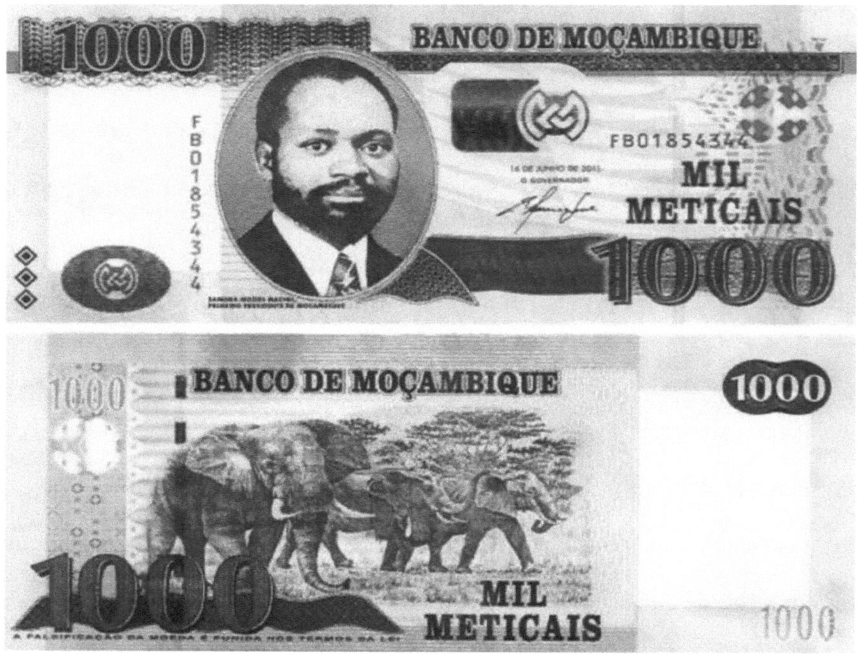

Figura 8: *Moeda moçambicana. Fonte: Banco de Moçambique.*

1.3.5 LLP e dimensão do banco

A literatura anterior argumenta que existe uma ligação entre a atividade de alisamento do rendimento e a dimensão do banco e que a dimensão do banco é uma ferramenta importante para a assunção de riscos. Laeven et al. (2014) argumentam que os grandes bancos têm um modelo de negócio mais frágil do que os pequenos bancos.

Destacamos alguma evidência empírica para apoiar esta hipótese. Carporale et al. (2015), no estudo documentado nas secções 2.1 e 2.2 acima, argumentam que o efeito da dimensão do banco na atividade de alisamento de rendimentos. Olszak et al. (2016) encontraram evidência para apoiar a dimensão do banco através da LLP, implicando que os grandes bancos estão mais negativamente relacionados com o ciclo económico, especialmente para os grandes bancos que consolidaram as suas demonstrações financeiras. Jin et al. (2016) examinaram o impacto da discrição e a forma como esta se relaciona com a estabilidade e a assunção de riscos dos bancos comerciais norte-americanos, durante um período de 2000 a 2008, tendo fornecido fortes indícios de que a dimensão dos bancos é determinante para o seu desempenho. Outros investigadores apoiam a hipótese da dimensão dos bancos através de LLP, como Fonseca e Gonzalez (2008); Curcio e Hasan (2013); Caporale et al. (2015) e Ozili (2015).

Seguindo este estudo anterior, esperamos uma relação negativa entre a dimensão do banco e a LLP. Incluímos uma variável dummy interactiva para indicar o período da crise da dívida oculta moçambicana. Assim, colocamos a seguinte hipótese:

H5: *Os bancos comerciais moçambicanos estão negativamente associados às provisões para perdas com empréstimos (LLP).*

O resto do presente documento está organizado da seguinte forma. A Secção 2 explica a conceção da investigação, apresenta os dados e explica a amostra. A Secção 3 resume os principais resultados e a discussão e, finalmente, a Secção 4 conclui.

Figura 9: *Moedas moçambicanas (Metical). Fonte: Banco de Moçambique.*

Capítulo 2. Método

2.1 Dados e amostra

Este estudo utiliza um conjunto de dados bancários extraídos das demonstrações financeiras e balanços dos bancos comerciais seleccionados a operar em Moçambique. Os dados financeiros dos bancos foram descarregados do website do Banco de Moçambique (Banco Central de Moçambique).

O conjunto de dados macroeconómicos, Produto Interno Bruto (PIB), foi extraído do website do Instituto Nacional de Estatística de Moçambique (INE) e complementamos estes dados com dados macroeconómicos do website do Fundo Monetário Internacional (FMI).

Em Moçambique, no final de 2016, o sistema bancário era composto por 19 bancos, onde a maioria são bancos comerciais estrangeiros. Como a amostra é pequena e não queríamos perder mais observações, não excluímos os bancos comerciais estrangeiros e não considerámos o efeito dos outliers nas regressões, pelo que não excluímos os dados nos limites superior e inferior das distribuições. Uma amostra final de 19 bancos para um período de 7 anos, de 2010-2016, que inclui a crise oculta da dívida pública moçambicana em 2015-2016, o que dá 133 observações banco-ano.

2.2 Métodos de estimativa

2.2.1 Modelo básico

Existe uma vasta literatura sobre as ligações entre LLP, alisamento de rendimentos, capital regulamentar, sinalização e ciclos económicos. Para testar as nossas hipóteses, seguimos uma abordagem semelhante aplicada por Bouvatier et al. (2014), Skala (2015) e Caporale et al. (2015). O modelo básico é o seguinte:

$$LLP_{i,t} = \lambda_0 + \lambda_2 NPL_{i,t} + \lambda_3 \Delta NPL_{i,t} + \lambda_4 \Delta Loan_{i,t} + \lambda_5 \Delta GDP_t +$$
$$+ \lambda_6 Cris_t + \lambda_7 \Delta GDP_t{}^* Cris + + \lambda_8 ISm_{i,t} + \lambda_9 Cap_{i,t} + \theta i, + \varepsilon_{i,t}$$

$$(1)$$

A fim de verificar a robustez do nosso modelo de base, aplicámos uma especificação dinâmica à equação 1, introduzindo a variável dependente desfasada, como se mostra na equação 2:

$$LLP_{i,t} = \lambda_0 + \lambda_1 LLP_{i,t-1} + \lambda_2 NPL_{i,t} + \lambda_3 \Delta NPL_{i,t} + \lambda_4 \Delta Loan_{i,t} +$$
$$+ \lambda_5 \Delta GDP_t + \lambda_6 Cris_t + \lambda_7 \Delta GDP_t{}^* Cris + \lambda_8 ISm_{i,t} + \lambda_9 Cap_{i,t} + \theta i, + \varepsilon_{i,t}.$$

$$(2)$$

Em que: θ_i são efeitos específicos do banco não observáveis, como a cultura empresarial do banco. E $\varepsilon_{i,t}$ é o coeficiente de regressão do erro robusto de White. Todas as variáveis utilizadas no nosso estudo são definidas na secção 2.3.

Neste trabalho, aplicamos o método generalizado de momentos (GMM) de Arellano e Bover (2005) e Blundell e Bond (1998), aplicando um estimador de dois passos robusto à heterocedasticidade, incluindo os efeitos fixos da especificação. As ferramentas do GMM são utilizadas apenas para a variável dependente desfasada ($LLP_{i,t-1}$), enquanto as outras variáveis são tratadas como estritamente exógenas. Adicionalmente, foi efectuado um teste AR(2) robusto para verificar a ausência de correlação serial de segunda ordem nos resíduos de primeira diferença. Também foi efectuado o teste robusto de Hansen para verificar a validade do nosso instrumento. Testámos também os problemas de multicolinearidade calculando a matriz de correlação e os VIF (factores de inflação da variância). (Semelhante ao estudo de Bouvatier et al., 2014;

Skala, 2015 e Caporale et al., 2015).

2.2.1.1 Modelo pró-cíclico

$$LLP_{i,t} = \lambda_0 + \lambda_1 LLP_{i,t-1} + \lambda_2 NPL_{i,t} + \lambda_3 \Delta NPL_{i,t} + \lambda_4 \Delta Loan_{i,t} + \lambda_5 \Delta GDP_t + \lambda_6 Cris_t +$$

$$+ \quad \lambda_7 \Delta GDP_t * Crist \quad + \quad \theta i, \quad + \quad \varepsilon_{i,t}$$

$$(1.1)$$

Em primeiro lugar, utilizamos a equação 1.1, mas não incluímos a variável dependente desfasada ($LLP_{i,t-1}$), para examinar a hipótese pró-cíclica (H1). Todas as variáveis são definidas na secção 2.3 abaixo. De acordo com o estudo anterior, esperávamos uma associação negativa entre a provisão para perdas com empréstimos (LLP) e a taxa de crescimento do PIB, o que implica que o coeficiente λ_5 será negativo e estatisticamente significativo. Por outro lado, o coeficiente λ_6 sobre as variáveis CRIS esperava um sinal negativo, assim como o coeficiente λ_7 sobre a dummy interactiva, $\Delta GDP_t * Cris_t$, esperava um sinal negativo, para indicar o comportamento pró-cíclico no nosso modelo e para apoiar a nossa hipótese H1. (Packer & Zhu, 2012; Bouvatier et al., 2014; Ozili, 2015 e Olszak et al., 2016).

2.2.1.2 Modelo de alisamento de rendimentos

Para estudar o efeito do alisamento do rendimento através das Provisões para Perdas com Empréstimos (LLP), utilizámos o modelo 1.2 apresentado abaixo, tendo sido excluída a variável dependente desfasada ($LLP_{i,t-1}$):

$$LLP_{i,t} = \lambda_0 + \lambda_1 LLP_{i,t-1} + \lambda_2 NPL_{i,t} + \lambda_3 \Delta NPL_{i,t} + \lambda_4 \Delta Loan_{i,t} + \lambda_5 \Delta GDP_t + \lambda_6 Cris_t +$$

$$+ \lambda_7 \Delta GDP_t{}^* Cris_t + \lambda_8 ISm_{i,t} + \quad + \lambda_9 ISm_{i,t}{}^* Cris_t + \lambda_{10} ISm_{i,t}{}^* NonCris_t + \theta i, + \varepsilon_{i,t}$$

$$(1.2)$$

Todas as variáveis são definidas na secção 2.3 abaixo. Na sequência do estudo anterior, utilizámos o coeficiente λ_8 para medir o impacto da atividade de alisamento de rendimentos no nosso modelo. Esperávamos que o coeficiente λ_8 fosse positivo e estatisticamente significativo para apoiar as hipóteses de alisamento de rendimentos, o que implica que os gestores bancários estão envolvidos em actividades de alisamento de rendimentos através de LLP, caso contrário, rejeitamos a hipótese. (Bouvatier et al., 2014; Ozili, 2015; Caporale et al., 2015 e Olszak et al., 2016). Introduzimos a variável dummy interactiva para medir o impacto da atividade de alisamento de rendimento durante a crise da dívida oculta de Moçambique, que foi igual a um para um período de 2015-2016, zero caso contrário. Os coeficientes λ_9 e λ_{10} irão dizer-nos sobre a sensibilidade da atividade de alisamento de rendimento durante o período de crise e não-crise.

2.2.1.3 Modelo de gestão de capital

Para investigar os efeitos do capital gerido através de provisões para perdas com empréstimos (LLP), aplicámos o modelo 1.3 apresentado abaixo, mas não incluímos a variável dependente desfasada ($LLP_{i,t-1}$):

$$LLP_{i,t} = \lambda_0 + \lambda_1 LLP_{i,t-1} + \lambda_2 NPL_{i,t} + \lambda_3 \Delta NPL_{i,t} + \lambda_4 \Delta Loan_{i,t} +$$
$$+ \lambda_5 \Delta GDP_t + \lambda_6 Cris_t + \lambda_7 \Delta GDP_t{}^* Cris_t + \lambda_8 ISm_{i,t} + \lambda_9 Cap_{i,t} +$$
$$+ \lambda_{10} Cap_{i,t}{}^* Cris_t + \lambda_{11} Cap_{i,t}{}^* NonCris_t + \theta_i + \varepsilon_{i,t}$$

$$(1.3)$$

Na equação 1.3, todas as variáveis são definidas na secção 2.2.1 acima. Seguindo o estudo anterior, utilizámos o coeficiente λ_9 para medir o impacto do rácio de capital no nosso modelo, e esperávamos que o coeficiente λ_9 fosse positivo e estatisticamente significativo para apoiar as hipóteses de gestão do capital, o que implica que os gestores do banco estão envolvidos em actividades de manipulação através de LLP, caso contrário rejeitamos a hipótese. Os coeficientes λ_{10} e λ_{11} indicam-nos a sensibilidade do comportamento da gestão do capital durante o período de crise e o período sem crise. (Bouvatier et al., 2014; Ozili, 2015; Caporale et al., 2015 e Olszak et al., 2016).

2.2.1.4 Modelo de sinalização

Para investigar os efeitos da sinalização através das Provisões para Perdas com Empréstimos (LLP), corremos o modelo 1.4 apresentado abaixo, mas foi excluída a variável dependente desfasada ($LLP_{i,t-1}$):

$$LLP_{i,t} = \lambda_0 + \lambda_1 LLP_{i,t-1} + \lambda_2 NPL_{i,t} + \lambda_3 \Delta NPL_{i,t} + \lambda_4 \Delta Loan_{i,t} + \lambda_5 \Delta GDP_t + \lambda_6 Cris_t +$$
$$+ \lambda_7 \Delta GDP_t{}^* Cris_t + \lambda_8 ISm_{i,t} + \lambda_9 Cap_{i,t} + \lambda_{10} Sig_{i,t} + \theta_i + \varepsilon_{i,t}$$

$$(1.4)$$

Na equação 1.4, todas as variáveis são definidas na secção 2.3 abaixo, utilizámos o coeficiente λ_{10} para medir o impacto da sinalização no nosso modelo. Previmos que o coeficiente λ_{10} seja positivo para apoiar a nossa hipótese. Seguindo pesquisas anteriores, esse coeficiente apresenta sinal misto. (Ozili, 2015; Caporale et al., 2015 e Olszak et al., 2016).

2.2.1.5 Modelo de tamanho de banco

Para investigar os efeitos da dimensão no comportamento do rendimento, corremos o modelo 1.5 apresentado abaixo, incluímos uma variável dummy para a hipótese de alisamento do rendimento, mas não incluímos a variável dependente desfasada ($LLP_{i,t-1}$):

$$LLP_{i,t} = \lambda_0 + \lambda_1 LLP_{i,t-1} + \lambda_2 NPLi,t + \lambda_3 \Delta NPL_{i,t} + \lambda_4 \Delta Loan_{i,t} +$$
$$+ \lambda_5 \Delta GDP_t + \lambda_6 Cris_t + \lambda_7 \Delta GDP_t{}^* Cris_t + \lambda_8 Size_{i,t} +$$
$$+ \lambda_9 Size_{i,t}{}^* Cris_t + \lambda_{10} Size_{i,t}{}^* NonCris_t + \lambda_{11} Cap_{i,t} + \theta_i + \varepsilon_{i,t}$$

$$(1.5)$$

Na equação 1.5, todas as variáveis são definidas na secção 2.3 abaixo, utilizámos o coeficiente λ_8 para medir a dimensão do banco no nosso modelo, e previmos que o coeficiente λ_8 será positivo (negativo) para apoiar a nossa hipótese. Seguindo pesquisas anteriores, este coeficiente apresenta sinal misto. (Ozili, 2015; Caprpole et al., 2015 e Olszak et al., 2016). Para investigar os efeitos da dimensão no comportamento do rendimento durante a crise da dívida oculta em Moçambique, incluímos a variável dummy interactiva CRIS que foi igual a um para o período de 2015-2016 e zero caso contrário.

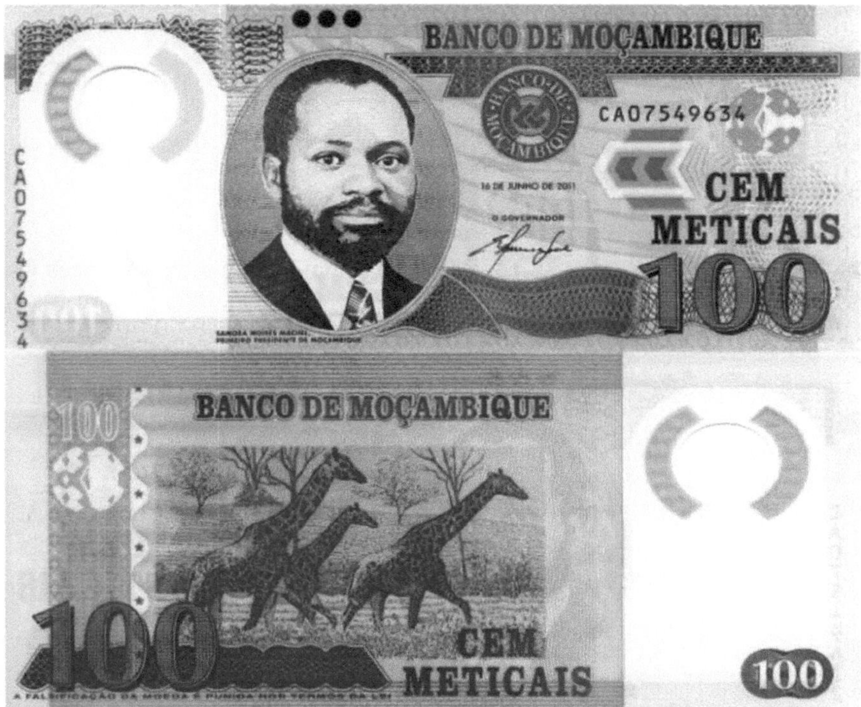

Figura 10: *Moeda Moçambicana. Fonte: Banco de Moçambique.*

2.3 Explicação das variáveis

2.3.1 Variável dependente

$LLP_{i,t}$ = O rácio entre as provisões para perdas com empréstimos (LLP) e os activos totais para o banco i e o momento t.

A literatura bancária anterior (Anandarajan et al., 2007; Leventis et al., 2012; Packer e Zhu, 2012; Curcio e Hasan, 2013; Bouvatier et al., 2014; Ozili, 2015 e Olszak et al., 2016) argumenta que LLP como variáveis dependentes para examinar a evidência de gestão discricionária que são a gestão de capital, suavização de renda, sinalização e pró-ciclicidade no sector bancário, neste caso, usamos LLP escalada pelo ativo total como variável dependente na nossa pesquisa.

2.3.2 Variáveis independentes

$LLP_{i,t-1}$ = O rácio entre a provisão para perdas com empréstimos inicial e o ativo total para o banco i e o tempo t, (Dong et al., 2012; Bouvatier et al., 2014 e Caporale et al., 2015).

$NPL_{i,t}$ = O rácio entre os empréstimos de cobrança duvidosa e os empréstimos totais para o banco i e o momento t.

A componente não discricionária está relacionada com o risco de crédito e destina-se a cobrir perdas de crédito esperadas em empréstimos (Hasan e Wall 2004) e apresenta um forte padrão de ciclicidade (Bikker e Metzemakers, 2005).

Na sequência de estudos anteriores (Dong et al., 2012; Bouvatier et al., 2014; Skala, 2015; Adzis et al., 2015; Caporale et al., 2015; Ozili, 2015), incluímos o rácio de empréstimos não produtivos em relação ao total de empréstimos ($NPL_{i,t}$) como um indicador de incumprimento do empréstimo, a provisão para perdas com empréstimos será maior se tivermos um empréstimo não produtivo mais elevado. Espera-se que haja uma relação positiva entre NPL e LLP.

$\Delta NPL_{i,t}$ = Variação do rácio entre empréstimos de cobrança duvidosa e empréstimos totais para o banco i e o momento t.

De acordo com estudos anteriores, a relação entre LLP e ANPL será positiva e estatisticamente significativa se os gestores bancários utilizarem algum rácio de LLP para cobrir perdas de crédito previstas, (Fonseca & Gonzalez, 2008 e Bouvatier & Lepetit, 2008). Em alternativa, a relação entre LLP e ANPL será negativa se os gestores bancários não constituírem provisões para cobrir perdas de crédito previstas, (Laeven

& Majnoni, 2003).

$\Delta Loan_{i,t}$ = O rácio de crescimento do empréstimo.

Incluímos ALoani,t como outro fator não discricionário. Esta variável é utilizada como proxy para medir o risco de crédito do banco; o banco gere o aumento da provisão quando prevê que o empréstimo irá correr mal. Assim, espera-se que ΔLoan$_{i,t}$ tenha uma relação negativa com LLP.

ΔGDP_t = a taxa de variação anual do crescimento do Produto Interno Moçambicano.

Este indicador foi utilizado para captar o carácter pró-cíclico da LLP. Um sinal positivo indica que a LLP é contra-cíclica, caso contrário, o sinal negativo indica que a LLP é pró-cíclica. Isso significa que a relação entre ΔPIB$_t$ e LLP fornecerá evidências de comportamento pró-cíclico no modelo. (Fonseca e Gonzalez 2008; Curcio e Hasan, 2013; Adzis et al., 2015; Caporale et al., 2015; Ozili, 2015)

$Cris_t$ = Uma variável dummy para a crise oculta da dívida pública moçambicana (1 para os anos 2015 - 2016 e 0 caso contrário). De acordo com pesquisas anteriores, a crise financeira internacional teve um impacto no comportamento bancário (Fonseca e Gonzales, 2008; Leventis, et al., 2012; Curcio e Hasan, 2013; Adzis et al., 2015; Caporale et al., 2015; Ozili, 2015). No caso moçambicano, incluímos esta variável dummy no nosso modelo para investigar o impacto da recente crise oculta da dívida pública moçambicana (2015-2016).

$Ism_{i,t}$ = rácio entre os resultados antes de juros, impostos e LLP e o total de activos para o banco i e o momento t.

Ism$_{i,t}$ utilizamos esta proxy para medir a existência da atividade de alisamento de rendimentos no nosso modelo, de acordo com estudos anteriores (Fonseca e Gonzales, 2008; Leventis, et al., 2012; Curcio e Hasan, 2013; Adzis et al., 2015; Caporale et al., 2015; Ozili, 2015). O sinal positivo de $ISmi_{,t}$ indica que os gestores bancários estão envolvidos na atividade de alisamento através de LLP e um sinal negativo indica o contrário.

$Cap_{i,t}$ = rácio entre o total dos fundos próprios e o total dos activos do banco i no momento t.

O $Cap_{i,t}$ é um indicador que mede o risco invisível de incumprimento. Para mostrar a capacidade de sobrevivência do banco com a atual estrutura de capital. Estudos anteriores sugerem que o sinal positivo do $Cap_{i,t}$ indica que os gestores dos bancos têm incentivos para diminuir o LLP e o sinal negativo indica o contrário, (Fonseca e Gonzales, 2008; Leventis, et al., 2012; Curcio e Hasan, 2013; Adzis et al., 2015; Caporale et al., 2015; Ozili, 2015).

$Sig_{i,t}$ = a variação com um ano de antecedência dos resultados antes de impostos e provisões para o banco i e o momento t.

Seguindo o estudo anterior, incluímos a variável $Sig_{i,t}$ para testar a hipótese de sinalização, (onde $Sig_{i,t} = Ism_{i,t+1} - Ism_{i,t} / Ism_{i,t}$), espera-se que os gestores bancários possam ou não usar LLP para sinalizar a sua força financeira (Adzis et al., 2015; Caporale et al., 2015; Ozili, 2015).

$Sizi_{i,t}$ = o logaritmo natural dos activos totais do banco i e do momento t. Espera-se que tenha um sinal positivo.

$Ism\ *Cris_{i,tt}$ = a variável dummy interactiva para a hipótese de alisamento do rendimento, é igual a 1 para os anos 2015-2016, 0 caso contrário.

$Ism_{i,t}$ *$NonCris_t$ = a variável dummy interactiva para a hipótese de alisamento do rendimento, é igual a 1 para os anos 2010-2014, 0 caso contrário.

Figura 11: *Moeda Moçambicana. Fonte: Banco de Moçambique.*

Capítulo 3. Resultados e discussão

3.1 Estatísticas e Matriz de Correlação

A Tabela 1 resume as estatísticas descritivas das principais variáveis de interesse para o objeto do estudo. O valor médio das provisões para perdas com empréstimos (LLP) é próximo de 0,80%, enquanto o crédito malparado representa cerca de 6,1% do total de empréstimos (NPL). A variação do rácio entre o crédito malparado e o crédito total para o banco i e o tempo t (ΔNPL) é de 9,2%. O crescimento dos empréstimos (ΔLoan) dos bancos representa cerca de 5,1% do total dos activos. O PIB é de 4,86%. A crise é de 34,6%. Em média, o rácio entre os lucros antes de juros, impostos e LLP e o total dos activos do banco i e no momento t (ISm) é de 1,7%. O capital (Cap) é de 1,3% e, finalmente, a dimensão é de 8,33%.

Quadro 1: *Estatísticas da variável principal*

Variável	Obs	Média	Mínimo	Máximo	Desvio padrão
LLP	133	0.008	-0.201	0.483	0.031
LLPi,t-1	133	0.022	-0.101	0.398	0.058
NPL	133	0.061	0.018	0.041	0.095
ΔNPL	133	0.092	0.022	0.683	0.031
ΔLoan	133	0.051	0.009	0.663	0.021
ΔPIB	133	4.861	-0.172	9.974	0.006
Cris	133	0.346	0	1	0.417
ISm	133	0.017	-0.121	0.261	0.039
Tampa	133	0.013	0.003	0.194	0.025
Sig	133	0.004	-0.101	0.273	0.026
Tamanho	133	8.33	4.731	16.739	1.045

Nota: LLP é o rácio das provisões para perdas com empréstimos em relação ao total de activos. NPL é o rácio de empréstimos não produtivos sobre o total de empréstimos no ano t. ΔEmpréstimo é o crescimento anual do total de empréstimos em percentagem. ΔPIB é a taxa de variação anual do crescimento do Produto Interno Moçambicano (PIB). Cris é uma variável dummy igual a um para a crise oculta da dívida pública moçambicana (2015 - 2016) e zero caso contrário. ISm é o rácio dos lucros antes de juros, impostos e LLP em relação ao total de activos. Cap é o rácio entre o capital próprio total e o total de activos. Sig é a variação de um ano dos lucros antes de impostos e provisões. Dimensão é o logaritmo natural dos activos totais.

A matriz de correlação de Pearson das principais variáveis utilizadas no nosso estudo é apresentada no Quadro 2. Podemos observar o coeficiente de correlação significativamente positivo entre a LLP e o rácio de empréstimos não produtivos em relação ao total de empréstimos (NPL). O coeficiente de correlação negativo e significativo entre ΔPIB e LLP pode implicar que a LLP nos bancos moçambicanos é pró-cíclica. O coeficiente ISm está significativamente e positivamente correlacionado com a LLP, implicando o potencial de alisamento discricionário de rendimentos. Observa-se que a correlação positiva e significativa entre o Cap e a LLP, está de acordo com o previsto. Para além disso, os coeficientes Sig e Size estão ambos negativos e estatisticamente correlacionados com LLP, tal como previsto. Uma vez que o coeficiente de correlação mais elevado é de cerca de 40% entre NPL e ISm e que o VIF - variance inflation fator tem um valor máximo de 1,39 e uma média de 1,18, mostra que a multicolinearidade não parece ser um problema na nossa análise.

Quadro 2: *matriz de correlação das principais variáveis*

Variáveis	LLP	LLPi,t-1	NPL	ΔNPL	ΔLoan	*ΔPIB*	*Cris*	*ISm*	*Tampa*	*Sig*	*Tamanho*
LLP	1.000										
LLPi,t-1	-0.003	1.000									
NPL	0.271**	0.516*	1.000								
ΔNPL	0.061***	-0.107**	-0.015*	1.000							
ΔLoan	-0.047***	-0.022**	-0.176***	0.006	1.000						
ΔPIB	-0.041***	0.079	-0.119**	0.059**	0.136*	1.000					
Cris	-0.059***	-0.063**	-0.166**	-0.071	0.037*	-0.039**	1.000				
ISm	0.085***	-0.057**	-0.403***	0.254*	0.021**	0.035**	0.062**	1.000			
Tampa	0.002*	0.021**	0.027	0.011	-0.003*	-0.013***	-0.019***	-0.201*	1.000		
Sig	-0.006***	-0.088	0.030	0.082	0.063*	0.208***	0.066***	0.043**	-0.046	1.000	

Tamanho -0.033** -0.037** -0.021** -0.061* -0.013*** 0.017 0.008** 0.004* -0.032* 0.002 1.000

Nota: LLP é o rácio das provisões para perdas com empréstimos em relação ao total de activos. NPL é o rácio de empréstimos não produtivos em relação ao total de empréstimos no ano t. Crescimento do empréstimo (ΔLoan) é o crescimento anual do total de empréstimos em percentagem. *ΔPIB* é a taxa de variação anual do crescimento do Produto Interno Moçambicano (PIB). *Cris* é uma variável dummy igual a um para a crise oculta da dívida pública moçambicana (2015 - 2016) e zero caso contrário. ISm é o rácio dos lucros antes de juros, impostos e LLP para o total de activos. Cap é o rácio entre o capital próprio total e o total de activos. Sig é a variação de um ano dos lucros antes de impostos e provisões. Dimensão é o logaritmo natural dos activos totais. Um sobrescrito de "***", "**" e "*" indica significância estatística bicaudal ao nível de 0,01, 0,05 e 0,10.

3.2 Resultado da regressão

A Tabela 3 apresenta os resultados da aplicação do modelo de regressão. Na primeira coluna, são apresentados os resultados da estimação da equação 1.1. Este modelo investiga os efeitos do ciclo económico sobre a LLP, podemos observar que o coeficiente λ_5 sobre a variável ΔPIB_t é significativamente negativo (Coffic = - 0,057, t-stat = -5,130) implicando a presença de componentes cíclicas no comportamento da LLP. Isto ocorre provavelmente porque as provisões são accionadas pelos pagamentos vencidos, que dependem especificamente do sistema de dinâmica económica e do rácio reservas para perdas com empréstimos - empréstimos. (Esse resultado é semelhante aos estudos de Olszak et al., 2016 e Adzis et al., 2015 e se opõe aos achados de Adzis et al., 2015; Caporale et al., 2015). O coeficiente λ_8 (variável) que mede o impacto do crédito da dívida oculta de Moçambique é positivo e estatisticamente significativo e o coeficiente λ_9 sobre a dummy interactiva ($\Delta PIB *Cris_{tt}$) é negativo e estatisticamente significativo (Coeffc = -0.041, t-stat = -4.315). Estes resultados implicam que os factores macroeconómicos tiveram um impacto no nosso modelo, por outro lado, os resultados sugerem que os gestores dos bancos tiveram o incentivo para aumentar a LLP para fazer face ao incumprimento dos empréstimos. Estes resultados, talvez, sejam consistentes com a previsão do Fundo Monetário Internacional (2015-2016) que relata que a economia de Moçambique foi afetada pelo crédito da dívida oculta de Moçambique e sofreu um declínio no ΔPIB real durante 2015 a 2016. Conjuntamente, estes resultados apoiam a nossa hipótese H1.

Na segunda coluna do Quadro 3, são apresentados os resultados estimados para a equação 1.2. Este modelo investiga os efeitos do alisamento de rendimentos através de LLP. Como se pode observar, o coeficiente λ_8, na variável $Ism_{i,t}$, é significativamente positivo (Coeff = 0,062, t-stat = 2,188); sugerindo que a hipótese nula não deve ser rejeitada. Por outras palavras, os resultados fornecem provas de que os gestores bancários estão envolvidos num comportamento de alisamento de rendimentos através de LLP durante o período de análise, o que confirma o comportamento pró-cíclico de LLP. Esse achado empírico está em linha com a conclusão de Adzis et al. (2015); Ozili (2015) e se opõe aos achados de Curcio et al. (2017); Caporale et al. (2015) e Brince et al. (2015). Por outro lado, quando olhamos para o coeficiente λ_2 na variável $NPL_{i,t}$ que postula que o alisamento de rendimento não discricionário é significativamente positivo (Coeff = 0,041, t-stat = 2,976). Como se pode observar, os gestores bancários estão mais envolvidos no alisamento discricionário do rendimento do que no alisamento não discricionário do rendimento, provavelmente devido à fraca disciplina do mercado.

Os coeficientes λ_9 e λ_{10} nas duas dummies interactivas ($Ism\,{*}Cris_{i,tt}$ e $Ism_{i,t}\,{*}NonCris_t$ respetivamente) são significativamente positivos ao nível de significância de 1% e 5% (Coeff = 0,079, t-stat = 2,197 e Coeff = 0,011, t-stat = 2,033). Isto implica que o comportamento de alisamento do rendimento foi maior em períodos de crise do que num período sem crise, o que confirma o comportamento pró-cíclico da PMA. Os resultados continuam a apoiar a hipótese de alisamento do rendimento após a inclusão das variáveis dummy interactivas.

Na terceira coluna do Quadro 3, são apresentados os resultados estimados para a equação 1.3. Este modelo investiga os efeitos da gestão de capital através da LLP. Como pode ser observado o coeficiente λ_9 , na variável $Cap_{i,t}$ é insignificantemente negativo implicando que a gestão de capital não tem qualquer impacto na LLP, consequentemente sugerindo uma rejeição da hipótese de gestão de capital para os bancos comerciais moçambicanos. Este resultado é semelhante aos estudos de Adzis et al. (2015); Caporale et al. (2015) e opõe-se às conclusões dos estudos de Ahmed et al. (1999) e Dong et al. (2012).

Na quarta coluna do Quadro 3, são apresentados os resultados estimados para a equação 1.4. Este modelo investiga os efeitos da sinalização através da LLP. Como pode ser observado, o coeficiente λ_{10} na variável $Sig_{i,t}$ é insignificantemente positivo e próximo de zero, o que implica que a sinalização não impulsiona a LLP, sugerindo consequentemente a rejeição da hipótese de sinalização através da LLP para os bancos comerciais moçambicanos. Este resultado empírico está em linha com a conclusão de Adzis et al. (2015) e Caporale et al. (2015) e opõe-se às conclusões de Olson e Zoubi (2014) e Morris et al. (2016).

Finalmente, na última coluna do Quadro 3, são apresentados os resultados estimados para a equação 1.4. Este modelo investiga os efeitos da dimensão do banco através da LLP. Como pode ser observado, o coeficiente λ_8 na variável $Tamanho_{i,t}$ é significativamente negativo (Coeff = -0.019, t-stat = -1.511) implicando que o tamanho do banco tem um impacto importante no comportamento pró-cíclico dos bancos comerciais moçambicanos. Adicionalmente, podemos observar que os coeficientes λ_9 e λ_{10} nas duas variáveis dummy interactivas ($Tamanho_{i,t}$ $*Cris_t$ e $Tamanho_{i,t}$ $*NonCris_t$ respetivamente) são significativamente negativos e significativamente positivos ao nível de significância de 5% e 10% respetivamente (coeff = -0.068, t-stat = -2.043 e Coeff = 0.026, t-stat = 2.130, respetivamente). Isto implica que a dimensão do banco ainda tem um impacto no nosso modelo, sugerindo especificamente que os bancos comerciais moçambicanos podem ser mais propensos ao ciclo económico e, portanto, mais pró-cíclicos durante a crise da dívida oculta moçambicana, em contraste com o período sem crise. O sinal do coeficiente de dimensão (λ_8) é consistente com o estudo anterior (Olszak et al., 2016 e Ozili, 2015).

Tabela 3: *Resultados de base do banco comercial moçambicano durante o período 2010-2016 (modelo com efeitos fixos do banco).*

	1.1	1.2	1.3	1.4	1.5
LLP$_{i,t}$	0.005***	0.007**	0.006***	0.007*	0.004***
	(1.020)	(1.019)	(1.028)	(1.029)	(1.201)
NPL$_{i,t}$	0.029***	0.041***	0.030***	0.030***	0.031***
	(2.023)	(2.976)	(2.028)	(1.921)	(1.191)
ΔNPL$_{i,t}$	-0.005*	-0.004	-0.004*	-0.003	-0.003
	(-0.610)	(-1.177)	(-1.293)	(-1.972)	(-1.161)
ΔLoan$_{i,t}$	-0.003***	-0.002***	-0.002***	-0.003***	-0.002***
	(-2.078)	(-2.281)	(-2.199)	(-2.207)	(-1.622)
ΔGDP$_t$	-0.057***	-0.068***	-0.058***	-0.059***	-0.067**

	(-5.130)	(-4.997)	(-5.035)	(-5.182)	(-4.390)
Crist	0.016***	0.015	0.016**	0.016*	0.015
	(2.179)	(2.012)	(2.213)	(2.195)	(3.697)
ΔGDPt*Crist	-0.041***	- 0.041***	-0.047***	-0.050***	-0.048***
	(-4.315)	(-3.011)	(-3.619)	(-4.090)	(-3.399)
ISmi,t	-	0.062***	0.068***	0.054**	-
	-	(2.188)	(2.026)	(1.031)	-
ISmi,t*Crist	-	0.079***	-	-	-
	-	(2.197)	-	-	-
ISmi,t*NonCrist	-	0.011**	-	-	-
	-	(2.033)	-	-	-
Capi,t	-	-	-0.019	-0.019	-0.018
	-	-	(-0.292)	(-0.292)	(-0.331)
Capi,t*Crist	-	-	-0.001	-	-
	-	-	(-0.013)	-	-
Capi,t*NonCrist	-	-	-0.001	-	-
	-	-	(-0.014)	-	-
Sigi,t	-	-	-	0.000	-
	-	-	-	(0.000)	-
Sizei,t	-	-	-	-	-0.019**
	-	-	-	-	(-1.511)
Sizei,t*Crist	-	-	-	-	-0.068**
	-	-	-	-	(-2.043)

Sizei,t*NonCrist	-	-	-	-	-0.026*
	-	-	-	-	(-2.130)
R squared	0.4301	0.4309	0.4266	0.4145	0.4203
Nr .Obs.	133	133	133	133	133
Nr. Banks	19	19	19	19	19

Nota: LLP é o rácio das provisões para perdas com empréstimos em relação ao total de activos. NPL é o rácio de empréstimos de cobrança duvidosa em relação ao total de empréstimos no ano t. ΔNPL é a variação do rácio de NPL em relação ao total de empréstimos. Crescimento dos empréstimos (ΔLoan) é o crescimento anual dos empréstimos totais em percentagem. *ΔGDP* é a taxa de variação anual do crescimento do Produto Interno Moçambicano (PIB). *Cris* é uma variável dummy igual a um para a crise da dívida pública oculta moçambicana (2015 - 2016) e zero caso contrário. ΔPIB *Cris$_{tt}$* é uma variável dummy interactiva entre ΔPIB$_t$ e CRIS$_t$. ISm é o rácio dos lucros antes de juros, impostos e LLP em relação ao total do ativo. Ism$_{i,t}$ * Cris$_t$ é a variável dummy interactiva para a hipótese de alisamento do rendimento, é igual a 1 para os anos 2015-2016, 0 caso contrário. Ism$_{i,t}$ *NonCris$_t$ é a variável dummy interactiva para a hipótese de alisamento do rendimento, é igual a 1 para os anos 2010-2014, 0 caso contrário. Cap é o rácio entre o capital próprio total e o total de activos. Cap *Cris$_{i,t}$ é a variável dummy interactiva para a hipótese de gestão do capital, igual a 1 para os anos 2015-2016, 0 caso contrário. Cap$_{i,t}$ *NonCris$_t$ é a variável dummy interactiva para a hipótese de gestão de capital, igual a 1 para os anos 2010-2014, 0 caso contrário. Sig é a variação, com um ano de antecedência, dos lucros antes de impostos e provisões. A dimensão é o logaritmo natural dos activos totais e a dimensão$_{i,t}$ * Cris$_t$ é a variável dummy interactiva entre a dimensão$_{i,t}$ e a Cris$_t$ é igual a 1 para os anos 2015-2016, 0 caso contrário. O desvio-padrão do coeficiente é apresentado entre parênteses e o sobrescrito "***", "**" e "*" indica significância estatística bicaudal aos níveis de 0,01, 0,05 e 0,10, respetivamente.

Além disso, realizámos verificações adicionais de robustez dos nossos resultados empíricos. De acordo com Skala (2015), aplicámos o estimador de diferenças GMM de Arellano e Bover (1995) e o sistema GMM de Blundell e Bond (1998). Como pode ser observado na Tabela 4 os resultados são consistentes com os resultados dos testes na Tabela 3, isto significa que o estimador de diferenças GMM de Arellano e Bover e os resultados do GMM do sistema Blundell-Bond confirmam que os bancos comerciais moçambicanos são pró-cíclicos, estão envolvidos em actividades de alisamento de rendimentos e a dimensão do banco ainda tem um impacto no nosso modelo. Por outro lado, o comportamento de gestão de capital e a atividade de sinalização não conduzem a LLP e, portanto, rejeitamos estas duas hipóteses.

Tabela 4: *Resultados de base: Banco comercial moçambicano durante o período 2010-2016 (estimativas GMM)*

	Arellano and Bover "GMM differences" estimation					Blundell and Bond "GMM system" estimation				
	1	2	3	4	5	2.1	2.2	2.3	2.4	2.5
$LLP_{i,t}$	0.008**	0.006	0.007**	0.006**	0.003***	0.013***	0.016***	0.016***	0.019*	0.015***
	(1.029)	(1.221)	(1.001)	(1.031)	(1.243)	(0.063)	(0.087)	(0.088)	(0.095)	(0.093)
$LLP_{i,t-1}$	0.033	0.031	0.035	0.054	0.044	0.037	0.031	0.059	0.027	0.047
	(0.142)	(1.003)	(1.997)	(1.998)	(1.131)	(1.474)	(1.045)	(1.077)	(1.879)	(2.178)
$NPL_{i,t}$	0.048***	0.041***	0.046***	0.048***	0.046***	0.044***	0.037***	0.045***	0.041***	0.040***
	(3.008)	(2.901)	(2.057)	(2.981)	(1.909)	(2.101)	(2.004)	(2.073)	(1.990)	(1.163)
$\Delta NPL_{i,t}$	-0.007*	-0.004	-0.005*	-0.004*	-0.001	-0.002**	-0.003*	-0.004*	-0.003*	-0.002
	(-0.550)	(-0.071)	(-1.072)	(-0.017)	(-0.339)	(-0.044)	(-0.081)	(-1.001)	(-0.012)	(-1.019)
$\Delta Loan_{i,t}$	-0.005***	-0.004***	-0.004***	-0.004***	-0.004***	-0.003***	-0.005***	-0.005***	-0.004***	-0.006***
	(-0.023)	(-0.936)	(-0.079)	(-1.339)	(-1.468)	(-1.031)	(-1.594)	(-1.009)	(-1.033)	(-1.519)
ΔGDP_t	-0.061***	-0.070***	-0.071***	-0.068***	-0.072***	-0.074***	-0.074***	-0.097***	-0.083***	-0.096***
	(-5.201)	(-4.872)	(-5.027)	(-5.176)	(-4.31)	(-5.028)	(-5.017)	(-4.033)	(-4.195)	(-4.447)
$Cris_t$	0.016**	0.018**	0.017*	0.017*	0.017*	0.020***	0.018**	0.016***	0.016*	0.018***
	(1.221)	(2.001)	(2.552)	(2.227)	(3.341)	(2.089)	(2.006)	(2.117)	(2.220)	(2.071)
ΔGDP_t*CRIS_t	-0.044***	-0.044***	-0.048***	-0.041***	-0.049***	-0.044***	-0.045***	-0.049***	-0.046***	-0.041***
	(-3.221)	(-3.009)	(-2.597)	(-2.033)	(-2.111)	(-2.218)	(-2.354)	(-3.001)	(-3.033)	(-3.576)
$ISm_{i,t}$	-	0.059**	0.065***	0.058***	-	0.074***	-	-	0.092***	-
	-	(2.007)	(3.002)	(2.031)	-	(2.091)	-	-	(2.042)	-
$ISm_{i,t}*Cris_t$	-	0.061***	-	-	-	-	0.071***	-	-	-
	-	(2.805)	-	-	-	-	(2.069)	-	-	-
$ISm_{i,t}*NonCris_t$	-	0.012**	-	-	-	-	-	0.012**	-	-
	-	(2.017)	-	-	-	-	-	(2.031)	-	-
$Cap_{i,t}$	-	-	-0.017	-0.017	-0.019	-	-	-0.018	-0.018	-0.019
	-	-	(-0.216)	(-0.216)	(-0.329)	-	-	(-0.217)	(-0.217)	(-0.330)
$Cap_{i,t}*Cris_t$	-	-	-0.001	-	-	-	-	-0.001	-	-
	-	-	(-0.013)	-	-	-	-	(-0.002)	-	-
$Cap_{i,t}*NonCris_t$	-	-	-0.001	-	-	-	-	-0.001	-	-
	-	-	(-0.014)	-	-	-	-	(-0.010)	-	-
$Sig_{i,t}$	-	-	-	0.000	-	-	-	-	0.000	-
	-	-	-	(0.000)	-	-	-	-	(0.000)	-
$Size_{i,t}$	-	-	-	-	-0.018*	-	-	-	-	-0.022**
	-	-	-	-	(-0.471)	-	-	-	-	(-0.996)
$Size_{i,t}*Cris_t$	-	-	-	-	-0.026***	-	-	-	-	-0.025***
	-	-	-	-	(-1.018)	-	-	-	-	(-1.099)
$Size_{i,t}*NonCris_t$	-	-	-	-	0.019**	-	-	-	-	0.022**

		-	-	-	-	(0.774)	-	-	-	-	(1.001)
R squared		0.4166	0.3915	0.4077	0.4192	0.4031	0.4551	0.4401	0.44083	0.4383	0.4413
Nr .Obs.		133	133	133	133	133	133	133	133	133	133
Nr. Banks		19	19	19	19	19	19	19	19	19	19
AR (2) Test (P-value)		0.1937	0.1994	0.1917	0.2001	19.922	0.3788	0.3981	0.3992	0.4201	0.4196
Hansen Test (P-value)		0.3362	0.3331	0.3395	0.3327	0.3303	0.4202	0.3997	0.4104	0.4206	0.4258
Wald Test (P-value)		0.0000	0.0000	0.0000	0.0000	0.0000	0.0000	0.0000	0.0000	0.0000	0.0000

Nota: LLP é o rácio entre as provisões para perdas com empréstimos e o total do ativo. $LLP_{i,t-1}$ é o rácio entre a provisão para perdas com empréstimos inicial e o total do ativo. NPL é o rácio de empréstimos de cobrança duvidosa em relação ao total de empréstimos no ano t. ΔNPL é a variação do rácio de NPL em relação ao total de empréstimos. ALoan é o crescimento anual do total de empréstimos em percentagem. *ΔPIB* é a taxa de variação anual do crescimento do Produto Interno Moçambicano (PIB). *Cris* é uma variável dummy igual a um para a crise oculta da dívida pública moçambicana (2015 - 2016) e zero caso contrário. ΔPIB_t *$Cris_t$ é uma variável dummy interactiva entre ΔPIB_t e $CRIS_t$. ISm é o rácio dos lucros antes de juros, impostos e LLP em relação ao total do ativo. Ism *$Cris_{i,tt}$ é uma variável dummy interactiva para a hipótese de alisamento do rendimento, é igual a 1 para os anos 2015-2016, 0 caso contrário. $ISm_{i,t}$ *$NonCris_t$ é a variável dummy interactiva para a hipótese de alisamento do rendimento, é igual a 1 para os anos 2010-2014, 0 caso contrário. Cap é o rácio entre o capital próprio total e o total de activos. Cap *$Cris_{i,tt}$ é a variável dummy interactiva para a hipótese de gestão do capital, igual a 1 para os anos 2015-2016, 0 caso contrário. $Cap_{i,t}$ *$NonCris_t$ é a variável dummy interactiva para a hipótese de gestão de capital, igual a 1 para os anos 2010-2014, 0 caso contrário. Sig é a variação, com um ano de antecedência, dos lucros antes de impostos e provisões. A dimensão é o logaritmo natural dos activos totais e a dimensão *$Cris_{i,tt}$ é a variável dummy interactiva entre a $dimensão_{i,t}$ e a $Cris_t$ é igual a 1 para os anos 2015-2016, 0 caso contrário. O desvio-padrão do coeficiente é apresentado entre parênteses e o sobrescrito "***", "**" e "*" indica significância estatística bicaudal aos níveis de 0,01, 0,05 e 0,10, respetivamente

Capítulo 4. Conclusão

Partindo da hipótese, foi desenvolvido um estudo empírico, aplicando o método generalizado dos momentos (GMM) com primeiras diferenças. As nossas principais conclusões podem ser resumidas em cinco pontos. Em primeiro lugar, o coeficiente λ_5 que capturou a associação entre ΔPIB_t , e LLP foi significativamente positivo, consistente com a literatura anterior (Olszak et al., 2016 e Ozili, 2015) fornecendo a evidência para dar suporte ao comportamento pró-cíclico através da LLP. Adicionalmente, durante a crise de crédito da dívida oculta em Moçambique, os resultados indicam que a LLP dos bancos comerciais moçambicanos foi mais influenciada pela crise de crédito da dívida oculta. Em segundo lugar, esperávamos e fornecemos evidências para apoiar os gestores bancários que estavam envolvidos no comportamento de alisamento de rendimentos através da LLP e estavam menos envolvidos no alisamento de rendimentos não discricionário. Em terceiro e quarto lugar, o nosso estudo mostra que a gestão de capital e a atividade de sinalização não impulsionam a LLP. Finalmente, esperávamos e fornecemos evidência de que a dimensão do banco tem um impacto importante no comportamento pró-cíclico dos bancos comerciais moçambicanos.

Este estudo está sujeito a pelo menos uma limitação importante: o facto de se concentrar num único país subdesenvolvido pode limitar a possibilidade de generalizar os resultados a outros contextos.

Uma observação importante, no cenário moçambicano, acreditamos que este artigo é o primeiro, do género, a estudar a relação entre os determinantes da LLP (o ciclo económico, o alisamento de rendimentos, a gestão de capital e a sinalização) no sector bancário porque na nossa revisão da literatura havia pouca evidência sobre o assunto.

O resultado deste estudo sugere a utilização de diferentes modelos para explorar a mesma questão em estudos futuros. Por outro lado, fazer um estudo comparativo entre países com diferentes disposições institucionais ou regulamentações.

Agradecimentos

Agradecemos aos amigos: Tyttayuma, Olivia Chongo, Raul, Ginho e Cardoso que ajudaram na recolha de informação. Agradecemos também a todos os colegas do departamento de contabilidade e finanças da Universidade de Xi'an Jiaotong, em particular ao Sr. Geoffrey Tamakloe e ao Daniel Bediako, que criticaram fortemente o artigo.

Figura 12: *Moeda Moçambicana. Fonte: Banco de Moçambique.*

Referências

Adzis, A. A., Anuar, H. S., e Hishamuddin N. M. (2015). Bancos comerciais da Malásia: Do Income Smoothing, Capital Management, Signaling, and Pro-Cyclicality Exist Through Loan Loss Provisions? *International Journal of Economics, Finance and Management* 4, 1-9.

Ahmed, A. S., C. Takeda e S. E. Thomas (1999). Bank loan-loss provisions: a reexamination of capital management, earnings management and signaling effects. *Journal of Accounting and Economics* 28(1), 1-25.

Anandarajan, A., Hasan, I., McCarthy, C. (2007). Use of loan loss provisions for capital, earnings management and signaling by Australian banks. *Accounting & Finance* 47, 357-379.

Arellano, M., Bover, O. (1995). Another look at the instrumental variables estimation of error components models. *Journal of Econometrics* 68, 29 - 51.

Benston, G. J., e Wall, L. D. (2005). How should banks account for loan losses? *Journal of Accounting and Public Policy* 24, 81-100.

Bikker, J.A., H. Hu (2002). Cyclical patterns in profits, provisions, and lending of banks and procyclicality of the new Basel capital requirements. *Banca Nazionale del Lavoro Quarterly Review* 55, 143-175.

Bouvatier, V. e L. Lepetit (2008). Comportamento pró-cíclico dos bancos: Does provisioning matter? *Journal of International Financial Markets, Institutions and Money* 18, 513-526.

Blundell, R., e S. Bond (1998), Initial conditions and moment restrictions in dynamic panel data models. *Journal of Econometrics* 87(1), 115-43.

Bouvatier, V., L. Laetitia e F. Strobel (2014). Suavização de rendimentos bancários, concentração de propriedade e ambiente regulamentar. *Journal of Banking & Finance* 41, 253-70. https://hal-unilim.archives-ouvertes.fr/hal-0091916674

Bryce, C., Dadoukis, A., Hall, M., Nguyen, L., & Simper, R. (2015). Uma análise do comportamento de provisionamento de perdas com empréstimos no setor bancário vietnamita. *Finance Research Letters* 14, 69-75.

Caporale, G. M., Alessi, M., Di Colli, S., & Lopez, J. S. (2015). Loan Loss Provision: Some Empirical Evidence for Italian Banks. *CESifo Working Paper* Nr. 5253

Chang, R.-D., Shen, W H., e Fang, C. J. (2008). Discretionary loan loss provisions and earnings management for the banking industry. *Journal of International Business and Economics Research.*

Curcio, D., & Hasan, I. (2013). Earnings and capital management and signaling: the use of loan loss provisions by European banks. *The European Journal of Finance* 1-25.

Curcio, D., De Simone, A., & Gallo, A. (2017). Crise financeira e supervisão internacional: New evidence on the discretionary use of loan loss provisions at Euro Area commercial banks. *The British Accounting Review* 49(2) 181-193.

Dong, X., Liu, J., e Hu, B. (2012). Investigação sobre a relação entre a provisão para perdas com empréstimos do banco comercial e a gestão de resultados e de capital. *Journal of Service Science and Management* 171-179. https://doi.org/10.4236/jssm.2012.52021

Cucinelli D. (2015). O impacto dos empréstimos não produtivos no comportamento dos empréstimos bancários: Evidence from Italian Banking Sector. *Euroasian Journal of Business and Economics* 8 (16), 59-71. https://doi.org/10.17015/ejbe.2015.016.04

El Sood, H., A. (2012). Loan loss provisions and income smoothing in US banks pre and post the financial crisis. *International Review of Financial Analysis* 25, 64-72.

Fernando W D. I. e Ekanayake E. M. N. N. (2015). Os bancos comerciais usam a provisão para perdas com empréstimos para suavizar suas receitas? Empirical Evidence from Sri Lanka Commercial Banks. *Journal of Finance and Bank Management* 3 (1), 167-179. https://dx.doi.org/10.15640/jfbm.v3n1a15

Fonseca, A. R., e F. González (2008), Cross-country determinants of bank income smoothing by managing Loan Loss Provisions. *Journal of Banking & Finance* 32(2), 217 - 28. https://doi.org/10.1016/j.jbankfin.2007.02.012

Floro, D (2010). Loan Loss Provisioning and the Business Cycle: Does Capital Matter? Evidence from Philippine Banks. *Documento de Trabalho do BIS.*

Jin, J., Kanagaretnam, K., Lobo, G. J. (2016). Discricionariedade na provisão para perdas com empréstimos bancários, tomada de risco e gerenciamento de resultados. *Contabilidade e Finanças. A publicar.*

Laeven, L., e G. Majnoni (2003). Loan Loss Provisioning and economic slowdowns: too much, too late? *Journal of Financial Intermediation* 12(2), 178-97.

Leventis, S., Dimitropoulos, P., Owusu-Ansah, S. (2013). Governação empresarial e conservadorismo contabilístico: Evidence from the banking industry. Corporate Governance: *An International Review* 21, 264-286. https://doi.org/10.1111/corg.12015

Leventis, S., Dimitropoulos, P E., & Anandarajan, A. (2012). Loan Loss Provisions, earnings management and capital management under IFRS: The case of EU commercial banks. *Journal of Financial Services Research* 40(1-2), 103-122.

Leventis, S., Dimitropoulos, P E., e Anandarajan, A. (2014). Signaling by banks using Loan Loss Provisions: The case of the European Union. *Journal of Economic Studies* 39(5), 604-618.

Lobo, G. J. e Yang, D. (2001). Bank Managers "Heterogeneous Decisions on Discretionary Loan Loss Provisions". *Review of Quantitative Finance and Accounting* 16, 223-250.

Lobo, Gerald J. (2017). Pesquisa contábil em panificação - Uma revisão. *China Journal of Accounting Research* 10, 1-7. (2017). https: //doi.org/ 10.1016/j.cjar.2016.09.003

Kanagaretnam, K., Lim, C.Y., Lobo, G. J. (2010). Auditor reputation and earnings management: International evidence from the banking industry. *Journal of Banking & Finance* 34, 2318 - 2327.

Kanagaretnam, K., Krishnan, G.V., Lobo, G. J. (2009). A avaliação de mercado da provisão para perdas com empréstimos dos bancos é condicional à reputação do auditor? *Journal of Banking and Finance* 33 (6), 1039 -1047.

Kanagaretnam, K., Lobo, G., Yang, D., 2004. Joint tests of signaling and income smoothing through bank Loan Loss Provisions. *Contemporary Accounting Research* 21, 843.884.

Kanagaretnam, K., Lobo, G. J., Yang, D.H., 2005. Determinants of signaling by banks through Loan Loss Provisions (Determinantes da sinalização pelos bancos através de provisões para perdas com empréstimos). *Journal of Business Research* 58, 312.320.

Kilic, E., Lobo, G. J., Ranasinghe, T., Sivaramakrishnan, K., (2013). The impact of SFAS 133 on income smoothing by banks through Loan Loss Provisions. *Accounting Review* 88, 233-260. http://doi.org/10.2308/accr-50264

Morris, R. D., Kang, H., & Jie, J. (2016). The determinants and value relevance of banks' discretionary Loan Loss Provisions during the financial crisis. *Journal of Contemporary Accounting & Economics* 12(2), 176-190.

Olson, D., e Zoubi, T. A. (2014). The determinants of loan loss and allowances for MENA banks. *Journal of Islamic Accounting and Business Research* 5(1), 98-120.

Olszak, M., M. Pipien, I. Kowalska e S. Roszkowska (2014). O que impulsiona a heterogeneidade da pró-ciclicidade das provisões para perdas com empréstimos na UE? University of Warsaw Faculty of Management *Working Paper Series* 3/2014.

Olszak, M., Pipien, M., Kowalska, I., & Roszkowska, S. (2016). What Drives Heterogeneity of Cyclicality of Loan Loss Provisions in the EU? *Journal of Financial Services Research* 51(1), 1-42.

Ozili, P K. (2015). Loan Loss Provisioning, Income Smoothing, Signaling, Capital Management and Pro-cyclicality: Does IFRS Matter? Empirical Evidence from Nigeria, *Mediterranean Journal of Social Science* 6 (2), 224-232. https://doi.org/10.5901/mjss.2015.v6np224

Packer, F. e Zhu, H. (2012). Loan Loss Provisioning practices of Asian banks (Práticas de provisionamento de perdas com empréstimos dos bancos asiáticos). *Documento de trabalho do BPI,* n.º 375.

Pérez, D., V Salas-Fumás e J. Saurina (2008). Earnings and capital management in alternative Loan Loss Provision regulatory regimes. *European Accounting Review* 17(3), 423-445.

Skala, D. (2015). Poupar para um dia de chuva? Income Smoothing and Pro-cyclicality of Loan Loss Provisions in Central European Banks. *International Finance* 18(1), 25-46. https://doi.org/10.1111/1468-2362.12058

Wahlen, J. (1994). The naturel of information in commercial bank Loan Loss disclosures. *Accounting Review* 69, 455-478.

Printed by Books on Demand GmbH, Norderstedt / Germany